Monique Tissot

Mon p'tit chou

Photographies d'Amélie Roche

Stylisme de Victorine Ducoulombier

Victorine Ducolombier remercie Hema, Maisons du monde,
Le petit souk, Zodio, Amélie pour les délicieuses séances photos
dans son studio et ses amies, premières supportrices
et conseillères dans le monde des tendances culinaires !

Vous trouverez la recette des bouchées à la vanille de la couverture page 38.

ISBN : 978-2-7540-4128-7
Dépôt légal : novembre 2012
Imprimé en France par Pollina - L62142
Photos : © Amélie Roche
Direction éditoriale : Aurélie Starckmann
Conception graphique : Istria
Pictogramme © Pascale Etchecopar

Éditions First-Gründ
60, rue Mazarine
75006 Paris - France
e-mail : firstinfo@efirst.com
Site internet : www.editionsfirst.fr – www.grund.fr

Sommaire

Introduction

On a longtemps dit que les petites filles naissaient dans les roses et les petits garçons dans les choux. C'est une erreur : tout un monde gourmand, d'une créativité débridée, s'éveille dans les choux. Comme dans la nature, les plus petits sont souvent les plus audacieux. Les bouchées se bousculent joyeusement, rondes et multicolores. Leurs têtes mutines sont nappées de blanc, de rose ou de vert.

Au moment du dessert, certains choux s'épanouissent en fleurs, en corolles garnies de framboises, de fleurs en sucre, de perles dorées ou argentées. Certaines bouchées pudiques se parent d'une voilette de sucre glace ou de cacao.

Ce carnaval fantasque n'est pas sans éveiller notre gourmandise. Nos papilles s'agitent : ce sont les prémices du bonheur.

Les choux se réinventent sans cesse et les amateurs de « salé » ne sont pas oubliés. Les poissons et les fromages jouent derrière le persil, la ciboulette ou l'aneth. Même le foie gras ose un mariage d'amour avec le confit de poires.

Les petits choux aiment bien jouer aux « grands ». Ils n'ont pas peur de s'inviter à la fête : canard, bœuf, saumon, noix de Saint-Jacques... même les légumes sont conviés !

Dirigez-vous vers la cuisine et commencez par apprendre à fabriquer une bonne pâte à choux. C'est très simple, il suffit de respecter scrupuleusement les indications. Par la suite, laissez-vous guider par vos envies, la réussite est assurée.

Cet ouvrage commence par des recettes classiques. Très vite, vous innoverez avec de nouvelles idées et des préparations inattendues. Laissez les petits choux se multiplier, au gré de vos humeurs du moment et de votre gourmandise.

Recette de la pâte à choux

bon marché • très facile à réaliser • préparation : 10 min • cuisson : variable • pour 4 personnes

1 casserole - 1 spatule
1 bol
1 batteur muni de crochets
1 plaque recouverte de papier de cuisson
1 poche à douille (facultatif) ou 2 petites cuillères

2 œufs entiers
40 g de beurre
80 g de farine
12 cl de lait ou eau
1 pincée de sel fin

Préparation sucrée :
1 c. à c. de sucre en poudre

Préparation salée :
poivre

1 Faites l'ensemble des pesées et allumez le four à 180 °C (th. 6).

2 Versez le liquide dans la casserole. Ajoutez le beurre coupé en petits morceaux, le sel, le sucre ou le poivre, selon l'utilisation prévue. Portez à petits bouillons. Retirez la casserole du feu. Ajoutez la farine d'un seul coup, mélangez.

3 Remettez la casserole sur le feu, mélangez la pâte jusqu'à l'obtention d'une pellicule blanche au fond de la casserole. Posez le récipient hors du feu. Cassez 1 œuf dans le bol, ajoutez-le dans la pâte, mélangez 1 minute. Recommencez avec le deuxième œuf.

4 Battez la pâte 3 minutes au minimum au batteur muni de crochets pour introduire beaucoup d'air. La pâte doit être souple et lisse avec de petites bulles d'air. À l'aide d'une poche à douille ou de deux petites cuillères, dressez les choux sur une plaque recouverte de papier cuisson, selon les instructions des recettes, et enfournez immédiatement. N'ouvrez pas le four durant la cuisson.

Variante

Si vous n'avez pas de batteur, tournez la pâte avec la spatule pendant 10 minutes après l'introduction des œufs. C'est l'air que vous introduisez lors de ce travail qui fait gonfler la pâte.
Préparez les choux à l'avance. Faites-les cuire et congelez-les quelques jours. Le jour de l'utilisation, sortez-les. Préchauffez le four à 180 °C (th. 6) pendant 10 minutes. Éteignez le four et enfournez les choux pour 10 minutes.

truc de cuisinier

La pâte peut être trop ferme si vous avez fait une cuisson trop longue dans la casserole. Dans ce cas, ajoutez 1/2 œuf battu à la fourchette. Le respect des quantités des ingrédients est primordial.

Bouchées tomates, taboulé vert et menthe

bon marché • très facile à réaliser • préparation : 35 min • cuisson : 25 min • réfrigération : 30 min • pour 4 personnes

1 plaque de cuisson
1 grille - 1 planche
1 mixeur
1 presse-citron
1 saladier - 1 pinceau
1 poche à douille

pâte à choux (voir p. 6)

1 jaune d'œuf - poivre

Garniture :

100 g de boulgour précuit prêt à l'emploi

2 petites tomates fermes

1 petite échalote

4 brins de menthe fraîche - 1 petit bouquet de persil

1 citron

2 c. à s. d'huile d'olive

1 pincée de piment d'Espelette - poivre - sel

1 Préchauffez le four à 180 °C (th. 6). Recouvrez la plaque de papier de cuisson. Préparez la pâte à choux (voir p. 6), en ajoutant du poivre. À l'aide d'une poche à douille, de préférence, dressez 20 petits tas de pâte. Dorez-les avec le jaune d'œuf. Enfournez-les pour 25 minutes. Faites-les refroidir sur la grille.

2 Pelez l'échalote, hachez-la finement. Pelez les tomates, coupez-les en cubes d'1/2 cm de côté. Lavez les herbes, essuyez-les avec du papier absorbant, réservez 1 brin de menthe et le persil pour le décor. Équeutez les herbes restantes et mixez-les. Pressez le citron.

3 Versez le boulgour dans le saladier. Ajoutez les ingrédients préparés (tomates, échalote, herbes, citron). Ajoutez l'huile et le piment. Salez, poivrez. Réservez 30 minutes au réfrigérateur.

4 Vérifiez l'assaisonnement, rectifiez si nécessaire. Coupez le sommet des choux, remplissez-les de garniture et tassez. Ornez les bouchées d'1 feuille de menthe et de persil. Conservez au réfrigérateur. Dégustez dans les 2 à 3 heures.

Variante

Vous pouvez remplacer l'échalote par 1 cuillerée à soupe de ciboulette ciselée. Vous trouverez du taboulé vert prêt à l'emploi dans les grandes surfaces.

truc de cuisinier

Préparez la garniture la veille : elle sera meilleure et vous gagnerez un temps précieux.

Bouchées chèvre, figues, raisins secs et thym

bon marché • très facile à réaliser • préparation : 25 min • cuisson : 25 min • pour 4 personnes

1 plaque de cuisson - 1 grille
1 planche - 1 poche à douille

pâte à choux (voir p. 6)
poivre

Garniture :

2 fromages de type rocamadour peu affinés - 30 g de confiture de figues - 20 g de raisins secs moelleux - 1 branche de thym - poivre rose

Préchauffez le four à 180 °C (th. 6). Recouvrez la plaque de papier de cuisson. Préparez la pâte à choux (voir p. 6), en ajoutant du poivre. À l'aide d'une poche à douille, de préférence, dressez 20 petits tas de pâte. Enfournez pour 25 minutes, laissez refroidir sur la grille.

Mélangez la confiture et les raisins. Coupez les fromages en 20 morceaux. Poivrez-les. Coupez le sommet des choux, mettez un morceau de fromage et de la confiture préparée. Ornez d'1 brindille de thym. Conservez au réfrigérateur. Dégustez dans les 2 à 3 heures.

Bouchées roquefort, pomme et noix

bon marché • très facile à réaliser • préparation : 25 min • cuisson : 25 min • pour 4 personnes

1 plaque de cuisson - 1 grille
1 planche - 1 couteau-éplucheur
1 poche à douille

pâte à choux (voir p. 6) - poivre

Garniture :

100 g de roquefort - 40 g de cerneaux de noix - 50 g de crème fraîche épaisse - 1 pomme granny-smith - 1 c. à c. de jus de citron - poivre noir concassé

Préchauffez le four à 180 °C (th. 6), en ajoutant du poivre. Recouvrez la plaque de papier de cuisson. Préparez la pâte à choux (voir p. 6), en ajoutant du poivre. À l'aide d'une poche à douille, de préférence, dressez 20 à 25 petits tas de pâte. Enfournez pour 25 minutes. Laissez refroidir sur la grille.

Réservez 12 cerneaux de noix, hachez grossièrement le reste. Épluchez la pomme et coupez-la en cubes de 3 à 4 mm de côté. Citronnez ces derniers. Mélangez le roquefort, tout en l'écrasant, avec les noix hachées et la crème. Ajoutez les cubes de pomme. Poivrez et vérifiez l'assaisonnement.

Coupez le sommet des choux et répartissez la garniture dans les bouchées. Posez sur le dessus 1/2 cerneau de noix. Conservez au réfrigérateur. Dégustez dans les 2 à 3 heures.

Bouchées tapenade, tomates confites, gruyère et marjolaine

bon marché • très facile à réaliser • préparation : 25 min • cuisson : 25 min • pour 4 personnes

1 plaque de cuisson - 1 grille - 1 planche - 1 pinceau

pâte à choux (voir p. 6)

1 jaune d'œuf - poivre

Garniture :

80 g de tapenade verte - 20 g de caviar de tomates séchées - 100 g de gruyère - 1 c. à c. d'huile d'olive - 2 c. à c. de marjolaine - 20 olives vertes dénoyautées - 1 brin de persil frais - poivre noir

Préchauffez le four à 180 °C (th. 6). Recouvrez la plaque de papier de cuisson. Préparez la pâte à choux (voir p. 6), en ajoutant du poivre. À l'aide d'une poche à douille, de préférence, dressez 20 petits tas de pâte. Dorez-les avec le jaune d'œuf. Enfournez pour 25 minutes. Laissez refroidir sur la grille.

Coupez le gruyère en bâtonnets de 3 à 4 mm de section et d'1 cm de long. Arrosez-les d'huile et poivrez. Ajoutez la marjolaine et mélangez. Coupez le sommet des bouchées. Répartissez la tapenade, puis le caviar de tomates. Terminez par le gruyère préparé et tassez.

Plantez au sommet 1 olive et 1 brindille de persil. Conservez au réfrigérateur. Dégustez dans les 2 à 3 heures.

Bouchées foie gras et confit de poires aux épices

coût élevé • très facile à réaliser • préparation : 20 min • cuisson : 25 min • pour 4 personnes

1 plaque de cuisson - 1 grille
1 planche - 1 poche à douille
1 pinceau

pâte à choux (voir p. 6)

1 jaune d'œuf - poivre

Garniture :

80 g de bloc de foie gras (2 tranches) - 40 g de confit de poires (épicerie fine) - baies roses en grains - 20 g de poire confite (facultatif)

Préchauffez le four à 180 °C (th. 6). Recouvrez la plaque de papier de cuisson. Préparez la pâte à choux (voir p. 6), en ajoutant du poivre.

À l'aide d'une poche à douille, de préférence, dressez 20 petits tas de pâte. Dorez-les avec le jaune d'œuf. Enfournez pour 25 minutes, laissez refroidir sur la grille. Coupez le sommet. Plongez le couteau dans l'eau bouillante et coupez le foie gras en 20 parts de taille égale. Poivrez au moulin de baies roses.

Répartissez le confit de poires dans les bouchées et posez le foie gras. Plantez 1 bâtonnet de poire confite. Dégustez dans les 2 heures.

Bouchées aux deux saumons et aneth

coût moyen • facile à réaliser • préparation : 30 min • cuisson : 30 min • pour 4 personnes

1 plaque de cuisson
1 casserole - 1 grille
1 planche - 1 écumoire
1 bol - 1 poche à douille
1 pinceau

pâte à choux (voir p. 6)
1 jaune d'œuf - poivre

Garniture :

150 g de filet de saumon frais
20 cl de fumet
50 g de saumon fumé
50 g de mascarpone
2 c. à s. de crème fraîche épaisse
1 c. à c. de pastis
1 petit bouquet d'aneth
1 c. à c. de ciboulette hachée
1/2 c. à c. de jus de citron
poivre en grains - sel fin

1 Préchauffez le four à 180 °C (th. 6). Recouvrez la plaque de papier de cuisson. Préparez la pâte à choux (voir p. 6), en ajoutant du poivre. À l'aide d'une poche à douille, de préférence, dressez 20 petits tas de pâte. Dorez-les avec le jaune d'œuf. Enfournez-les pour 25 minutes. Faites-les refroidir sur la grille.

2 Mettez le fumet à bouillir. Ajoutez le saumon cru, la peau contre le fond de la casserole. Faites cuire 3 minutes, sans ébullition. Posez le poisson à l'aide d'une écumoire sur la planche. Retirez la peau et les parties grises. Effeuillez-le dans le bol.

3 Lavez l'aneth, essuyez-le avec du papier absorbant. Réservez la moitié de l'aneth. Hachez le reste. Coupez les tranches de saumon fumé en 6. Superposez les morceaux et coupez-les en cubes de 2 à 3 mm de côté.

4 Ajoutez tous les ingrédients de la garniture au saumon effeuillé. Poivrez au moulin. Mélangez avec une fourchette. Rectifiez l'assaisonnement si nécessaire. Coupez le sommet des petits choux, répartissez la préparation et ornez les bouchées avec l'aneth réservé. Conservez au réfrigérateur et dégustez dans les 2 à 3 heures.

variante

Pour une préparation plus rapide, utilisez du saumon cuit en boîte (100 g environ).

truc de cuisinier

Garnissez les choux à l'aide d'une poche équipée d'une douille cannelée.

Bouchées crabe, avocats et basilic

bon marché • facile à réaliser • préparation : 25 min • cuisson : 25 min • pour 4 personnes

1 plaque de cuisson
1 grille - 1 passoire
1 mixeur - 2 bols
1 poche à douille
1 pinceau

pâte à choux (voir p. 6)
1 jaune d'œuf - poivre

Garniture :

1 boîte de 120 g de crabe égoutté
2 avocats - 1 citron
50 g de mascarpone
1 c. à s. de crème fraîche épaisse
1 c. à c. d'huile d'olive
1 c. à c. de feuilles de basilic ciselées
1 c. à c. de ciboulette ciselée
1 c. à c. de moutarde à l'ancienne - piment d'Espelette
poivre en grains - fleur de sel

1 Préchauffez le four à 180 °C (th. 6). Recouvrez la plaque de papier de cuisson. Préparez la pâte à choux (voir p. 6), en ajoutant du poivre. À l'aide d'une poche à douille, de préférence, dressez 20 petits tas de pâte. Dorez-les avec le jaune d'œuf. Enfournez-les pour 25 minutes. Faites-les refroidir sur la grille.

2 Pelez les avocats, éliminez les noyaux et citronnez-les. Mixez la chair, salez et poivrez au moulin. Ajoutez le mascarpone et mixez à nouveau. Vérifiez l'assaisonnement. Citronnez si nécessaire.

3 Égouttez le crabe, choisissez 20 petits morceaux. Réservez-les. Mettez le reste dans un bol. Ajoutez l'huile, la crème, 1 filet de jus de citron, du piment d'Espelette, la moutarde et la ciboulette. Mélangez et vérifiez l'assaisonnement.

4 Coupez le sommet des choux, répartissez la mousse d'avocat et la salade de crabe, tassez. Couvrez de basilic et plantez 1 morceau de crabe. Conservez au réfrigérateur. Dégustez dans les 2 à 3 heures.

variante

Ajoutez 1 pétale de tomate confite. À défaut de basilic, plantez 1 petit brin d'aneth avec le morceau de crabe.

truc de cuisinier

Utilisez du crabe en boîte de bonne qualité. Éliminez les morceaux de cartilage éventuels.

Bouchées dorade et citron vert

coût moyen • facile à réaliser • préparation : 25 min • cuisson : 30 min • réfrigération : 1 h • pour 4 personnes

1 plaque de cuisson - 1 casserole - 1 grille - 1 passoire - 1 presse-citron - 1 poche à douille - 1 pinceau

pâte à choux (voir p. 6)

1 jaune d'œuf - poivre

Garniture :

150 g de filet de dorade prêt à l'emploi

15 cl de fumet de poisson

40 g de crème fraîche épaisse

1 citron vert - 10 g de citron vert confit

1 c. à c. 1/2 de gingembre râpé - 1 c. à c. de ciboulette ciselée - 1 c. à c. de persil haché - 2 pincées de piment de Cayenne - poivre - fleur de sel

Décor :

20 bâtonnets de citron confit

1 Préchauffez le four à 180 °C (th. 6). Recouvrez la plaque de papier de cuisson. Préparez la pâte à choux (voir p. 6), en ajoutant du poivre. À l'aide d'une poche à douille, de préférence, dressez 20 petits tas de pâte. Dorez-les avec le jaune d'œuf. Enfournez-les pour 25 minutes. Faites-les refroidir sur la grille.

2 Mettez le fumet à bouillir, ajoutez la dorade. Faites cuire 2 minutes à bouillons frémissants. Égouttez le poisson, écrasez-le avec une fourchette. Assurez-vous de l'absence d'arêtes.

3 Hachez le plus finement possible le citron vert confit, mettez-le sur le poisson. Ajoutez la crème, le gingembre, les herbes, le piment. Pressez le citron vert et insérez 2 cuillerées à café de jus. Salez, poivrez et mélangez. Vérifiez l'assaisonnement et rectifiez à votre convenance. Réservez au réfrigérateur au moins 1 heure.

4 Coupez le sommet des choux, répartissez la garniture à la dorade, tassez. Plantez 1 bâtonnet de citron confit. Conservez au réfrigérateur. Dégustez dans les 2 à 3 heures.

variante

Remplacez les herbes par 2 cuillerées de coriandre hachée et ajoutez 1 pointe d'ail. Décorez les bouchées avec 1 petit brin de coriandre fraîche.

truc de cuisinier

Faites pocher le poisson à l'avance afin qu'il soit froid au moment de la préparation.

Bouchées œufs de lump, concombre et raifort

coût moyen • facile à réaliser • préparation : 25 min • cuisson : 25 min • pour 4 personnes

1 plaque de cuisson
1 grille - 1 casserole
1 planche
1 poche à douille
1 passoire - 1 pinceau
1 batteur - 1 saucière

pâte à choux (voir p. 6)
1 jaune d'œuf - poivre

Garniture :
1 mini-concombre
50 g d'œufs de lump
20 cl de crème fraîche épaisse - quelques gouttes de jus de citron
1 sachet de fixateur pour chantilly type Chantifix®
1/2 c. à c. de raifort râpé - sel fin

1 Préchauffez le four à 180 °C (th. 6). Recouvrez la plaque de papier de cuisson. Préparez la pâte à choux (voir p. 6), en ajoutant du poivre. À l'aide d'une poche à douille, de préférence, dressez 20 petits tas de pâte. Dorez-les avec le jaune d'œuf. Enfournez-les pour 25 minutes, faites-les refroidir sur la grille.

2 Épluchez le concombre, fendez-le en 2 et éliminez les grains avec une petite cuillère. Coupez des bâtonnets de 2 cm de long et de quelques millimètres de section. Saupoudrez-les de sel fin. Faites-les égoutter dans une passoire.

3 Commencez à battre la crème avec le citron. Lorsque la crème a doublé de volume, saupoudrez de fixateur. Continuez à battre pour obtenir une émulsion ferme. Parfumez au raifort. Vérifiez l'assaisonnement.

4 Coupez le sommet des choux. Essuyez avec du papier absorbant les concombres, répartissez-les dans les bouchées. Ajoutez de l'émulsion au raifort jusqu'à 1/2 cm du bord supérieur. Terminez par une couche d'œufs de lump. Conservez au réfrigérateur. Servez dans les 2 à 3 heures avec l'émulsion au raifort restante.

variante

Remplacez les œufs de lump par des œufs de saumon ou, beaucoup plus chic, par du caviar d'Aquitaine. Dans ce cas, supprimez le raifort et préparez l'émulsion avec un soupçon de jus de citron.

truc de cuisinier

Avant de monter la crème, déposez-la dans son bol au moins 1 heure au réfrigérateur. Elle doit être d'une grande fraîcheur.

Bouchées thon, tomates séchées et ciboulette

coût moyen • très facile à réaliser • préparation : 20 min • cuisson : 25 min • pour 4 personnes

1 plaque de cuisson
1 grille - des ciseaux
1 poche à douille
1 pinceau

pâte à choux (voir p. 6)
1 jaune d'œuf - poivre

Garniture :

90 g de thon blanc égoutté, cuit au naturel

1 c. à s. de crème fraîche épaisse

quelques gouttes de jus de citron

1 c. à c. de caviar de tomates séchées

1 petit bouquet de ciboulette

1 c. à c. de Noilly Prat®

1 c. à c. de persil haché - 1/2 c. à c. d'origan et marjolaine

piment d'Espelette - poivre noir en grains - fleur de sel

1 Préchauffez le four à 180 °C (th. 6). Recouvrez la plaque de papier de cuisson. Préparez la pâte à choux (voir p. 6), en ajoutant du poivre. À l'aide d'une poche à douille, de préférence, dressez 20 petits tas de pâte. Dorez-les avec le jaune d'œuf. Enfournez-les pour 25 minutes. Faites-les refroidir sur la grille.

2 Lavez la ciboulette, essuyez-la avec du papier absorbant. Ciselez 2 cuillerées à café de ciboulette, réservez les herbes restantes.

3 Dans une assiette, écrasez le thon avec une fourchette et ajoutez tous les ingrédients de la garniture. Mettez 1 pincée de piment et de sel. Poivrez au moulin. Vérifiez l'assaisonnement.

4 Coupez le haut des choux, répartissez la garniture dans les bouchées. Plantez au sommet 2 brins de ciboulette. Conservez au réfrigérateur. Servez dans les 2 à 3 heures.

Variante

Remplacez la ciboulette par 1 cuillerée d'échalote hachée, cuite doucement au beurre pour qu'elle reste translucide.

truc de cuisinier

N'écrasez pas trop le thon pour laisser à la garniture tout son croquant.

Gougères au comté

bon marché • très facile à réaliser • préparation : 15 min • cuisson : 25 min • pour 4 personnes

1 plaque de cuisson
1 planche - 2 petites cuillères

Pâte à choux :

2 œufs entiers + 1 blanc + 1 jaune - 60 g de beurre - 110 g de farine - 22 cl d'eau - noix de muscade - poivre

Garniture :

90 g de comté (en bâtonnets d'1 cm x 0,3 cm) - 2 Vache qui rit® - poivre noir en grains

Allumez le four à 180 °C (th. 6). Recouvrez la plaque de papier de cuisson. Préparez la pâte à choux (voir p. 6), en ajoutant un blanc d'œuf et du poivre.

Une fois la pâte terminée, ajoutez la moitié du comté, les Vache qui rit® et la noix de muscade. Poivrez au moulin. Avec les petites cuillères, dressez 20 tas avec la préparation. Dorez avec le jaune d'œuf. Plantez les cubes de comté restants sur le haut des gougères, poivrez au moulin.

Enfournez pour 25 minutes environ : les gougères doivent être dorées. Dégustez ces bouchées chaudes ou tièdes.

Choux aux champignons des bois, sauce persillée

bon marché • très facile à réaliser • préparation : 25 min • cuisson : 35 min • pour 4 personnes

1 plaque de cuisson
1 poche à douille - 1 grille
1 planche - 1 poêle
1 saucière

pâte à choux (voir p. 6)

poivre

Garniture :

400 g de champignons frais, prêts à l'emploi, au choix - 40 g de beurre - 1 c. à c. de jus de citron - 2 c. à c. de persil haché - 1 gousse d'ail - 20 cl de crème fraîche - poivre - sel

Allumez le four à 180 °C (th. 6). Recouvrez la plaque de papier de cuisson. Préparez la pâte à choux (voir p. 6), en ajoutant du poivre. Dressez 8 choux avec la poche à douille. Enfournez pour 30 minutes.

Mettez le beurre à chauffer dans la poêle, ajoutez les champignons et le jus de citron. Faites-les cuire à feu vif 2 minutes. Salez, poivrez, ajoutez l'ail pressé et le persil. Versez la crème, poursuivez la cuisson 1 minute en secouant la poêle. Vérifiez l'assaisonnement.

Fendez le sommet des choux, remplissez-les de champignons. Posez 2 choux par assiette, mettez les champignons restants dans une saucière. Servez immédiatement.

Choux aux courgettes, coulis de tomates et chips de légumes

bon marché • facile à réaliser • préparation : 30 min • cuisson : 40 min • réfrigération : 3 h • pour 4 personnes

1 plaque de cuisson - 1 poêle - 1 grille - 1 mixeur - 1 saladier - 1 poche à douille - 1 saucière

pâte à choux (voir p. 6)

poivre

Garniture :

400 g de courgettes - 20 g de beurre - 100 g de crème fraîche - 3 feuilles de gélatine - 1 c. à c. d'échalote hachée - 200 g de purée de tomates - 1 c. à s. de sauce barbecue - 1 c. à s. de vinaigre balsamique blanc - 2 c. à s. d'huile d'olive - origan en poudre - poivre - sel

Accompagnement :

chips de légumes

1 Lavez les courgettes et coupez-les en rondelles. Dans la poêle, mettez le beurre et les courgettes. Saupoudrez-les d'origan, faites-les cuire 5 minutes. Mettez la gélatine à ramollir dans une assiette d'eau froide et essorez-la.

2 Égouttez les courgettes, mixez-les. Ajoutez la gélatine, remuez soigneusement. Battez la crème en chantilly, incorporez-la à la purée de courgettes. Salez, poivrez et vérifiez l'assaisonnement. Déposez au réfrigérateur 3 heures environ.

3 Allumez le four à 180 °C (th. 6). Recouvrez la plaque de papier de cuisson. Préparez la pâte à choux (voir p. 6), en ajoutant du poivre. Dressez 8 choux. Enfournez pour 35 minutes. Réservez les choux sur une grille.

4 Dans la purée de tomates, mettez l'échalote, l'huile, le vinaigre, la sauce barbecue. Salez, poivrez et mélangez. Coupez les choux en 2, garnissez les socles de boules de mousse. Posez les couvercles. Mettez 2 choux par assiette. Servez avec le coulis de tomates et des chips de légumes.

variante

Les choux seront encore meilleurs si vous les faites tiédir. Allumez le four 10 minutes à 180 °C (th. 6) et éteignez-le. Mettez les choux 10 minutes dans le four chaud avant de les garnir. Ajoutez du piment d'Espelette dans le coulis.

truc de cuisinier

Réalisez des boules de mousse de courgettes avec une cuillère à pommes parisienne.

Choux poivrons, mozzarella, pistou et cheveux du Diable

bon marché • très facile à réaliser • préparation : 25 min • cuisson : 35 min • pour 4 personnes

1 plaque de cuisson - 1 grille
1 poche à douille - 1 planche

pâte à choux (voir p. 6) - poivre

Garniture :

180 g de poivrons rouges égouttés et stérilisés (conserve) - 120 g de mozzarella - 100 g de pistou prêt à l'emploi - 2 c. à c. de basilic frais ciselé - 5 g de filaments de poivrons (cheveux du Diable, en épicerie fine) - 1 citron

Allumez le four à 180 °C (th. 6). Recouvrez la plaque de papier de cuisson. Préparez la pâte à choux (voir p. 6), en ajoutant du poivre. Dressez 8 choux avec la poche à douille. Dorez-les avec du jaune d'œuf. Enfournez pour 35 minutes. Faites refroidir les choux sur la grille.

Coupez les poivrons et la mozzarella en fines lamelles. Citronnez-les et enduisez-les de pistou. Préparez 8 tas en alternant poivron, mozzarella, basilic.

Coupez le sommet des choux froids, glissez la garniture à l'intérieur. Ornez de filaments de poivrons. Conservez au frais 2 heures au maximum. Au moment de servir, répartissez le pistou restant dans les choux.

Choux saumon frais et épinards, lit d'épinards à la crème

bon marché • très facile à réaliser • préparation : 25 min • cuisson : 40 min • pour 4 personnes

1 plaque de cuisson
1 casserole - 1 grille
1 poche à douille
1 planche - 1 passoire

pâte à choux (voir p. 6)
poivre

Garniture :

200 g de filet de saumon frais - 20 cl de fumet - 400 g d'épinards frais prêts à l'emploi - 20 cl de crème fraîche liquide - poivre - sel

Allumez le four à 180 °C (th. 6). Recouvrez la plaque de papier de cuisson. Préparez la pâte à choux (voir p. 6), en ajoutant du poivre. Dressez 8 choux avec la poche à douille et enfournez-les pour 35 minutes.

Mettez une casserole d'eau à bouillir. Plongez les épinards 1 minute dans l'eau bouillante et égouttez-les. Portez le fumet à ébullition et ajoutez le saumon. Faites-le cuire 3 minutes à petit feu. Égouttez-le et effeuillez-le.

Faites chauffer la crème, salez et poivrez. Coupez le sommet des choux. Garnissez-les de saumon et d'épinards. Répartissez les épinards restants sur les assiettes. Posez les choux garnis et nappez de crème la garniture des choux et les épinards. Servez immédiatement.

Choux noix de Saint-Jacques, émulsion au corail

coût élevé • facile à réaliser • préparation : 30 min • cuisson : 45 min • pour 4 personnes

1 plaque de cuisson
1 casserole - 1 passoire
1 planche - 1 bol
1 mixeur - 1 écumoire
1 fouet - 1 poche à douille
1 saucière

pâte à choux (voir p. 6)
poivre

Garniture :

400 g de noix de Saint-Jacques avec leur corail prêtes à l'emploi

40 g de beurre - 10 cl de crème fraîche

1 c. à s. de farine - 5 cl de vin blanc

15 cl de fumet - 1 c. à s. d'armagnac

8 g de poudre de lait

1 pincée de piment de Cayenne - poivre - sel

1 Allumez le four à 180 °C (th. 6). Recouvrez la plaque de papier de cuisson. Préparez la pâte à choux (voir p. 6), en ajoutant du poivre. Dressez 8 choux. Enfournez-les pour 35 minutes. Coupez les sommets et réservez au chaud dans le four éteint.

2 Dans la casserole, mettez le fumet, le vin blanc, la poudre de lait. Portez à ébullition, puis éteignez le feu. Séparez le corail des noix. Taillez les noix en lamelles de 2 à 3 cm d'épaisseur. Ajoutez-les dans le bouillon préparé. Faites pocher 2 à 3 minutes hors du feu.

3 Préparez le beurre manié : écrasez le beurre, ajoutez la farine et mélangez. Mixez le corail. Faites chauffer 4 assiettes et la saucière.

4 Au moment de servir, posez 2 choux par assiette. Avec l'écumoire, répartissez les saint-jacques dans les choux. Faites chauffer 15 cl de bouillon de cuisson, versez la crème. À ébullition, ajoutez le beurre manié, le corail mixé, l'armagnac, le piment et battez vivement. Salez, poivrez et vérifiez l'assaisonnement. Versez la préparation dans les choux, posez les couvercles. Servez immédiatement avec la sauce restante en saucière.

variante

Ajoutez des champignons de Paris sautés au beurre.

truc de cuisinier

Remplacez le beurre manié par 1 cuillerée à café de fécule de pomme de terre délayée dans la crème froide. Ajoutez cette préparation au bouillon de cuisson bouillant en battant énergiquement. Mettez le corail mixé, le piment et l'armagnac. Battez à nouveau. Assaisonnez et goûtez.

Choux aux jambon et champignons, sauce Mornay

bon marché • facile à réaliser • préparation : 35 min • cuisson : 40 min • pour 4 personnes

1 plaque de cuisson
1 casserole
1 poche à douille
1 grille - 1 planche
1 passoire - 1 poêle
1 plat - 1 saucière

pâte à choux (voir p. 6)
poivre

Garniture :

100 g de jambon de Paris (en tranches)
300 g de champignons frais prêts à l'emploi au choix
50 g de beurre
25 g de farine
25 cl de lait
40 g de gruyère râpé
5 cl de crème fraîche
1 c. à c. de jus de citron
1/2 gousse d'ail
poivre - sel

1 Allumez le four à 180 °C (th. 6). Recouvrez la plaque de papier de cuisson. Préparez la pâte à choux (voir p. 6), en ajoutant du poivre. Dressez 8 choux avec la poche à douille. Enfournez pour 30 minutes.

2 Lavez les champignons. Égouttez-les et taillez-les en lamelles. Mettez 25 g de beurre à chauffer dans la poêle, ajoutez les champignons et le jus de citron. Faites-les cuire à feu vif 2 minutes. Salez, poivrez et pressez l'ail. Ajoutez la crème et faites chauffer 1 minute. Vérifiez l'assaisonnement.

3 Mettez le beurre restant dans la casserole, faites chauffer à feu doux. Hors du feu, ajoutez la farine et remuez. Ajoutez le lait, mélangez. Remettez la casserole sur le feu, portez à ébullition 2 minutes, sans cesser de remuer. Coupez le jambon en carrés d'1 cm de côté.

4 Au moment de servir, ajoutez dans la sauce les champignons, le jambon et le gruyère. Poivrez, remuez, vérifiez l'assaisonnement. Fendez le sommet des choux, remplissez-les de garniture très chaude. Réchauffez-la si nécessaire. Disposez les choux sur un plat. Versez la garniture restante dans la saucière. Servez immédiatement.

variante

Pour plus de rapidité, utilisez une boîte de champignons émincés et égouttés (230 g). Faites-les chauffer avec le beurre, le citron, l'ail, le persil et la crème. Salez et poivrez. Vous pouvez dresser 8 carolines (forme allongée) à la place des choux classiques.

truc de cuisinier

Superposez les tranches de jambon, la découpe sera plus rapide.

Choux bœuf, parmesan et roquette

coût moyen • très facile à réaliser • préparation : 25 min • cuisson : 35 min • pour 4 personnes

1 plaque de cuisson
1 grille - 1 planche
1 couteau-éplucheur
1 bol - 1 poche à douille
1 pinceau

pâte à choux (voir p. 6)
1 jaune d'œuf - poivre

Garniture :

200 g de carpaccio de bœuf prêt à l'emploi avec 1 marinade au basilic

50 g parmesan

8 feuilles de basilic frais - 1 citron

poivre noir concassé - 50 g de roquette prête à l'emploi

2 c. à s. de vinaigre balsamique - 1 c. à c. de moutarde à l'ancienne

4 c. à s. d'huile d'olive - sel

1 Allumez le four à 180 °C (th. 6). Recouvrez la plaque de papier de cuisson. Préparez la pâte à choux (voir p. 6), en ajoutant du poivre. Dressez 8 choux avec la poche à douille. Dorez-les à l'œuf. Enfournez pour 35 minutes. Mettez les choux à refroidir sur une grille.

2 Taillez le parmesan en lamelles avec le couteau-éplucheur. Alignez 8 tranches de viande. Citronnez-les et enduisez-les de marinade avec le pinceau. Poivrez la viande préparée, recouvrez-la de parmesan. Recommencez jusqu'à épuisement de la viande. Réservez un peu de parmesan. Roulez la garniture et déposez-la au réfrigérateur.

3 Coupez le sommet des choux. Mettez 2 choux par assiette, entourez-les de roquette. Préparez la sauce en mélangeant sel, moutarde, vinaigre balsamique et huile d'olive.

4 Au moment de servir, mettez à l'intérieur de chaque chou de la garniture, de la marinade non utilisée et 1 feuille de basilic. Nappez la roquette de vinaigrette et parsemez-la du parmesan restant. Servez immédiatement.

variante

Préparez vous-même la marinade : mélangez de la fleur de sel, 2 cuillerées à soupe de jus de citron, 4 cuillerées à soupe d'huile d'olive et 2 cuillerées à soupe de basilic haché.

truc de cuisinier

Réalisez de belles lamelles de parmesan avec une mandoline.

Choux canard, pommes, airelles et poivre vert

coût moyen • facile à réaliser • préparation : 25 min • cuisson : 55 min • pour 4 personnes

1 plaque de cuisson
2 poêles - 1 cuillère à pommes parisienne
1 poche à douille
1 spatule - 1 couvercle

pâte à choux (voir p. 6)
poivre

Garniture :

200 g d'aiguillettes de canard
2 pommes reinette
30 g d'airelles égouttées (en bocal)
50 g de beurre
20 cl de crème fraîche
1 c. à s. de sucre en poudre
1 c. à c. de cognac
1 c. à c. de poivre vert concassé
fleur de sel

1 Allumez le four à 180 °C (th. 6). Recouvrez la plaque de papier de cuisson. Préparez la pâte à choux (voir p. 6), en ajoutant du poivre. Dressez 4 choux avec la poche à douille. Enfournez-les pour 45 minutes. Coupez les sommets, réservez au chaud.

2 Épluchez les pommes, réalisez de petites boules avec la cuillère à pommes parisienne. Faites fondre la moitié du beurre dans une poêle. Ajoutez les pommes et laissez-les dorer. Saupoudrez de sucre, faites caraméliser 30 secondes en secouant la poêle. Couvrez et arrêtez le feu.

3 Coupez les aiguillettes en morceaux de 2 à 3 cm de long. Mettez le beurre restant dans l'autre poêle, faites sauter les morceaux de canard à feu vif 1 minute et arrosez-les de cognac. Ajoutez-les aux pommes. Versez la crème dans la poêle vide, ajoutez les airelles et le poivre vert concassé. Réservez.

4 Au moment de servir, portez la sauce à ébullition. Salez et vérifiez l'assaisonnement. Posez 1 chou par assiette, répartissez le canard et les pommes. Arrosez généreusement de sauce aux airelles. Servez immédiatement.

variante

Remplacez les aiguillettes de canard par des tranches fines de noisettes d'agneau. Supprimez le cognac pour les enfants.

truc de cuisinier

Dès la fin de la cuisson, posez du papier de cuisson sur les choux : ils conserveront mieux la chaleur. Veillez à ajouter la garniture et la sauce juste avant de servir.

Bouchées à la vanille

coût moyen • très facile à réaliser • préparation : 30 min • cuisson : 30 min • pour 4 personnes

1 plaque de cuisson
1 casserole - 1 grille
1 saladier - 1 spatule
1 poche à douille

pâte à choux (voir p. 6)

1 c. à c. de sucre en poudre

Garniture :

20 cl de lait - 3 jaunes d'œufs - 60 g de sucre en poudre - 25 g de farine - 1 bâton de vanille - 50 g de beurre ramolli - 40 g de fondant (épicerie fine)

Allumez le four à 180 °C (th. 6). Recouvrez la plaque de papier de cuisson. Préparez la pâte à choux (voir p. 6), en ajoutant une cuillerée à café de sucre en poudre. Dressez 20 petits tas et aplatissez légèrement le sommet. Enfournez-les pour 25 minutes. Faites refroidir les choux sur la grille.

Faites bouillir le lait avec le bâton de vanille fendu. Mélangez les jaunes d'œufs, le sucre et la farine. Ajoutez le lait bouillant. Faites cuire 2 minutes, à petits bouillons, sans cesser de remuer. Versez cette crème dans le saladier, ajoutez le beurre et remuez régulièrement jusqu'au refroidissement complet.

Entaillez le sommet des choux, soulevez le couvercle et remplissez les bouchées de crème. Faites chauffer le fondant 1 minute au four à micro-ondes. Nappez de fondant le couvercle des choux. Réservez au réfrigérateur. Dégustez dans les 2 à 3 heures.

Chouquettes

bon marché • très facile à réaliser • préparation : 15 min • cuisson : 25 min • pour 4 personnes

1 plaque de cuisson
1 grille - 1 poche à douille

pâte à choux (voir p. 6)

2 c. à c. de sucre en poudre

Garniture :

30 g de sucre en grains

Allumez le four à 180 °C (th. 6). Recouvrez la plaque de papier de cuisson. Préparez la pâte à choux (voir p. 6), en ajoutant une cuillerée à café de sucre en poudre.

Faites 20 petits tas de pâte et répartissez les grains de sucre. Assurez-vous qu'il n'y a pas de sucre sur le socle. Enfournez les choux pour 25 minutes.

Faites tiédir les chouquettes sur la grille. Dégustez-les tièdes de préférence, ou froides.

Bouchées au caramel au beurre salé

bon marché • facile à réaliser • préparation : 25 min • cuisson : 35 min • pour 4 personnes

1 plaque de cuisson
1 casserole - 1 grille
1 poche à douille
1 saladier - 1 spatule
1 pinceau

pâte à choux (voir p. 6)

1 jaune d'œuf

1 c. à c. de sucre en poudre

Garniture :

20 cl de lait

4 jaunes d'œufs

70 g de sucre en poudre

25 g de farine

80 g de beurre demi-sel

1 c. à c. de caramel liquide prêt à l'emploi

Décor :

1 c. à c. de pralin

1. Allumez le four à 180 °C (th. 6). Recouvrez la plaque de papier de cuisson. Préparez la pâte à choux (voir p. 6), en ajoutant une cuillerée à café de sucre en poudre. Dressez 20 petits tas. Dorez-les avec du jaune d'œuf. Enfournez pour 25 minutes. Faites refroidir les choux sur la grille.

2. Mettez le lait à bouillir avec le caramel. Dans le saladier, mélangez les jaunes d'œufs, le sucre et la farine. Ajoutez le lait bouillant au caramel. Versez la préparation dans la casserole. Faites chauffer à petits bouillons 2 minutes, sans cesser de remuer.

3. Remettez la préparation dans le saladier et ajoutez le beurre salé en petits morceaux. Remuez pour refroidir et obtenir une préparation lisse. Réservez au réfrigérateur, mélangez régulièrement.

4. Coupez le sommet des choux, éliminez la pâte intérieure, s'il y a lieu. Garnissez les bouchées généreusement. La crème doit atteindre les bords. Saupoudrez de pralin. Conservez au réfrigérateur. Dégustez dans les 2 heures.

variante

Préparez vous-même le caramel : mettez 10 morceaux de sucre dans une casserole avec 1 cuillerée à soupe d'eau. Faites chauffer en tournant la queue de la casserole pour remuer la préparation. Lorsque le caramel est doré, ajoutez lentement le lait. Faites attention au risque d'éclaboussures.

truc de cuisinier

Remplissez les bouchées avec une poche munie d'une douille cannelée. Terminez par une jolie pointe de crème à l'extérieur de la bouchée.

Bouchées au café

coût moyen • facile à réaliser • préparation : 30 min • cuisson : 30 min • pour 4 personnes

1 plaque de cuisson
1 casserole - 1 grille
1 poche à douille
1 saladier - 1 spatule

pâte à choux (voir p. 6)

1 c. à c. de sucre en poudre

Garniture :

20 cl de lait - 3 jaunes d'œufs - 60 g de sucre en poudre - 25 g de farine - 4 gouttes d'extrait de café - 50 g de beurre ramolli - 30 g de fondant (épicerie fine)

Allumez le four à 180 °C (th. 6). Recouvrez la plaque de papier de cuisson. Préparez la pâte à choux (voir p. 6), en ajoutant une cuillerée à café de sucre en poudre. Dressez 20 petits tas et aplatissez légèrement le sommet. Enfournez-les pour 25 minutes. Faites refroidir les choux sur la grille.

Faites bouillir le lait avec 3 gouttes d'extrait de café. Mélangez les jaunes d'œufs, le sucre et la farine. Ajoutez le lait bouillant. Faites cuire 2 minutes, à feu doux, sans cesser de remuer. Versez cette crème dans le saladier, ajoutez le beurre et remuez régulièrement jusqu'au refroidissement complet.

Entaillez le sommet des choux, soulevez les couvercles et remplissez-les de crème. Faites chauffer le fondant avec 1 goutte d'extrait de café, 1 minute, au four à micro-ondes. Nappez de fondant le couvercle des choux. Réservez au réfrigérateur. Dégustez dans les 2 à 3 heures.

Bouchées au chocolat

bon marché • facile à réaliser • préparation : 30 min • cuisson : 30 min • pour 4 personnes

1 plaque de cuisson
1 casserole - 1 grille
1 poche à douille
1 saladier - 1 spatule

pâte à choux (voir p. 6)

1 c. à c. de sucre en poudre

Garniture :

20 cl de lait - 3 jaunes d'œufs - 80 g de sucre en poudre - 15 g de farine - 110 g de chocolat de dessert - 50 g de beurre ramolli

Allumez le four à 180°C (th. 6). Recouvrez la plaque de papier de cuisson. Préparez la pâte à choux (voir p. 6), en ajoutant 1 cuillerée à café de sucre en poudre. Dressez 20 petits tas, aplatissez légèrement le sommet. Enfournez-les pour 25 minutes. Faites refroidir les choux sur la grille.

Faites bouillir le lait avec 90 g de chocolat. Mélangez les jaunes d'œufs, le sucre et la farine. Ajoutez le lait chocolaté. Faites cuire 2 minutes, à feu doux, sans cesser de remuer. Versez la crème dans le saladier, ajoutez le beurre et remuez régulièrement jusqu'au refroidissement complet.

Entaillez le sommet des choux, soulevez le couvercle et remplissez les bouchées de crème. Nappez de 20 g de chocolat fondu. Réservez au frais. Dégustez dans les 2 à 3 heures.

Choux chantilly aux grains de chocolat ou de sucre

bon marché • très facile à réaliser • préparation : 20 min • cuisson : 35 min • pour 4 personnes

1 plaque de cuisson
1 grille - 1 saladier
1 batteur - 1 passoire fine
1 poche équipée d'1 douille cannelée

pâte à choux (voir p. 6)

1 jaune d'œuf

1 c. à c. de sucre en poudre

Garniture :

20 cl de crème liquide très fraîche

1 sachet de fixateur pour chantilly type Chantifix®

1 c. à c. de sucre en poudre

Décor :

20 g de grains de chocolat ou de sucre coloré

1 c. à c. de sucre glace

1. Allumez le four à 180 °C (th. 6). Recouvrez la plaque de papier de cuisson. Préparez la pâte à choux (voir p. 6), en ajoutant 1 cuillerée à café de sucre en poudre. Dressez 8 choux. Dorez-les avec le jaune d'œuf. Enfournez-les pour 35 minutes. Faites refroidir les choux sur la grille.

2. Versez la crème dans le saladier, commencez à la battre. Dès qu'elle augmente de volume, ajoutez le sucre et le fixateur. Battez jusqu'à l'obtention d'une crème ferme. Réservez au réfrigérateur.

3. Lorsque les choux sont froids, coupez-les à 1 cm du sommet. Réservez les couvercles. Versez la chantilly dans la poche, répartissez-la dans les choux en la faisant largement déborder. Remettez les couvercles. Réservez au réfrigérateur 2 heures au maximum.

4. Au moment de servir, parsemez de grains de chocolat ou de sucre coloré. Saupoudrez d'un nuage de sucre glace. Servez immédiatement.

variante

Remplacez les grains de chocolat ou de sucre coloré par des perles alimentaires argentées ou dorées, ou encore par des pépites de chocolat en forme de grains de café.

truc de cuisinier

Remplissez les choux de crème Chantilly au moment du service : ils seront plus croquants.

Bouchées citrons jaunes, citrons verts confits

bon marché • délicat à réaliser • préparation : 25 min • cuisson : 35 min • congélation : 30 min • pour 4 personnes

1 plaque de cuisson
1 casserole - 1 grille
1 poche à douille
1 pinceau - 1 saladier
1 spatule - 1 batteur

pâte à choux (voir p. 6)
1 jaune d'œuf
1 c. à c. de sucre en poudre

Garniture :
3 citrons jaunes
3 jaunes d'œufs
120 g de sucre en poudre
2 c. à c. de fécule de pomme de terre
100 g de mascarpone
120 g de beurre ramolli

Décor :
40 g de fondant (épicerie fine) - 20 g de citrons verts confits

1 Allumez le four à 180 °C (th. 6). Recouvrez la plaque de papier de cuisson. Préparez la pâte à choux (voir p. 6), en ajoutant 1 cuillerée à café de sucre en poudre. Dressez 20 petits tas, aplatissez légèrement les sommets. Dorez-les avec le jaune d'œuf. Enfournez pour 25 minutes. Faites refroidir les choux sur la grille.

2 Pressez les citrons, mesurez 12 cl de jus. Dans le saladier, mettez les jaunes d'œufs, le sucre et la fécule. Remuez. Ajoutez le jus de citron, mélangez et versez dans la casserole. Mettez à chauffer à feu doux, sans cesser de remuer. Dès que la crème nappe la spatule, versez-la dans le saladier. Faites-la tiédir 15 minutes au congélateur.

3 Écrasez le beurre, ajoutez le mascarpone et la crème tiède. Battez pour obtenir un mélange lisse. Mettez au congélateur 15 minutes environ, pour raffermir la crème. Coupez les citrons verts confits en cubes de 3 mm de côté. Réservez-les.

4 Fendez les choux à 1/2 cm du sommet et remplissez-les de crème. Rabattez les couvercles. Faites chauffer le fondant au four à micro-ondes 1 minute, nappez avec un couteau le dessus des choux. Parsemez-les de citrons confits. Réservez au frais. Dégustez dans les 2 à 3 heures.

variante

Pour une préparation plus facile, supprimez les couvercles et parsemez la crème de citrons confits.

truc de cuisinier

Battez régulièrement la crème pendant le refroidissement au congélateur.

Bouchées aux framboises

coût moyen • très facile à réaliser • préparation : 25 min • cuisson : 25 min • pour 4 personnes

1 plaque de cuisson - 1 grille
1 batteur - 2 saladiers
1 spatule - 1 poche munie d'1 douille cannelée

pâte à choux (voir p. 6)
1 c. à c. de sucre en poudre
Garniture :
100 g de framboises fraîches - 50 g de sucre en poudre - 50 g de mascarpone - 10 cl de crème fraîche - 2 c. à c. de liqueur de framboises - 1 sachet de fixateur pour chantilly type Chantifix®

Allumez le four à 180 °C (th. 6). Recouvrez la plaque de papier de cuisson. Préparez la pâte à choux (voir p. 6), en ajoutant 1 cuillerée à café de sucre en poudre. Dressez 20 petits tas. Enfournez-les pour 25 minutes. Faites refroidir les choux sur la grille.

Mélangez le mascarpone, le sucre et la liqueur. Montez la crème en chantilly avec le fixateur. Ajoutez-la à la préparation au mascarpone en l'enrobant. Mettez la crème dans la poche. Réservez 20 framboises.

Coupez le sommet des choux, répartissez les framboises et la crème en terminant en spirale. Posez au sommet 1 framboise. Réservez au réfrigérateur. Dégustez dans les 3 heures.

Bouchées à la rose

coût moyen • très facile à réaliser • préparation : 20 min • cuisson : 25 min • pour 4 personnes

1 plaque de cuisson - 1 grille
1 batteur - 1 saladier
1 spatule - 1 poche munie d'1 douille cannelée

pâte à choux (voir p. 6)
1 c. à c. de sucre en poudre
Garniture :
20 g de confiture de pétales de rose - 20 pétales de rose en sucre - 30 g de sucre en poudre - 50 g de mascarpone - 2 c. à c. de liqueur de rose - 2 gouttes de colorant alimentaire rouge - 15 cl de crème fraîche - 1 sachet de fixateur pour chantilly type Chantifix®

Allumez le four à 180 °C (th. 6). Recouvrez la plaque de papier de cuisson. Préparez la pâte à choux (voir p. 6), en ajoutant 1 cuillerée à café de sucre en poudre. Dressez 20 petits tas. Enfournez-les pour 25 minutes. Faites refroidir les choux sur la grille.

Battez la crème. Dès qu'elle commence à monter, ajoutez le sucre, le fixateur et le colorant. Battez pour obtenir une chantilly ferme. Mélangez le mascarpone et la liqueur et enrobez avec la chantilly. Mettez la crème dans la poche.

Coupez le sommet des choux, répartissez la confiture et la crème en terminant en spirale. Posez au sommet 1 pétale de rose. Réservez au réfrigérateur. Dégustez dans les 3 heures.

Choux Cointreau® et orange amère

bon marché • facile à réaliser • préparation : 25 min • cuisson : 45 min • pour 4 personnes

1 plaque de cuisson
1 casserole - 1 grille
1 poche à douille
1 saladier - 1 spatule
1 pinceau

pâte à choux (voir p. 6)

1 jaune d'œuf - 1 c. à c. de sucre en poudre

Garniture :

20 cl de lait

3 jaunes d'œufs

60 g de sucre en poudre

25 g de farine

40 g de beurre ramolli

1 c. à c. de Cointreau®

100 g de marmelade d'oranges avec des tranches

Décor :

40 g de fondant prêt à l'emploi

1/2 c. à c. de Cointreau®

1 Allumez le four à 180 °C (th. 6). Recouvrez la plaque de papier de cuisson. Préparez la pâte à choux (voir p. 6), en ajoutant 1 cuillerée à café de sucre en poudre. Dressez 8 petits tas. Dorez-les avec le jaune d'œuf. Enfournez pour 35 minutes. Faites refroidir les choux sur la grille.

2 Mettez le lait à bouillir. Dans le saladier, mélangez les jaunes d'œufs, le sucre et la farine. Ajoutez le lait bouillant, versez la préparation dans la casserole. Faites chauffer à petits bouillons 2 minutes, sans cesser de remuer.

3 Remettez la préparation dans le saladier. Ajoutez le Cointreau® et le beurre en petits morceaux. Mélangez. Remuez régulièrement jusqu'au refroidissement complet de la préparation. Séparez les tranches d'orange de la marmelade et coupez-les en petits morceaux. Préparez 8 parts.

4 Fendez les choux à 1/2 cm du sommet, soulevez le couvercle et remplissez-les à moitié de crème. Ajoutez 1 part d'orange par chou. Répartissez la crème restante dans les choux, rabattez les couvercles. Faites fondre le fondant 1 minute au four à micro-ondes. Ajoutez le Cointreau®, remuez et nappez les couvercles. Conservez les choux au réfrigérateur. Dégustez-les dans les 2 heures.

variante

Pour un goût plus subtil, remplacez les oranges par des mandarines et leur liqueur. Pour des bouchées, multipliez par 2 le nombre de tas de pâte à choux.

truc de cuisinier

Arrondissez bien le sommet des choux : le glaçage sera plus facile à étaler.

Bouchées noix de coco et rhum

bon marché • facile à réaliser • préparation : 30 min • cuisson : 25 min • pour 4 personnes

1 plaque de cuisson
1 grille - 1 batteur
1 saladier - 1 spatule
1 poche munie d'1 douille cannelée - 1 passoire fine

pâte à choux (voir p. 6)

1 c. à c. de sucre en poudre

Garniture :

10 cl de crème de coco

80 g de mascarpone

80 g de sucre

50 g de noix de coco râpée

15 cl de crème fraîche

1 sachet de fixateur pour chantilly type Chantifix®

1 c. à c. de rhum

Décor :

20 g de noix de coco râpée - 1 c. à s. de chocolat en poudre

1 Allumez le four à 180 °C (th. 6). Recouvrez la plaque de papier de cuisson. Préparez la pâte à choux (voir p. 6), en ajoutant 1 cuillerée à café de sucre en poudre. Dressez 20 petits tas. Enfournez-les pour 25 minutes. Faites refroidir les choux sur la grille.

2 Battez la crème en chantilly. Dès qu'elle commence à augmenter de volume, ajoutez 1 cuillerée de sucre et le fixateur. Dans le saladier, mélangez la crème de coco, le mascarpone, le sucre restant et la noix de coco râpée. Parfumez au rhum et ajoutez la chantilly en l'enrobant avec la spatule.

3 Coupez le sommet des choux. Mettez la crème dans la poche à douille. Remplissez les choux de crème, en terminant par une spirale extérieure. Saupoudrez d'un nuage de chocolat et parsemez de noix de coco râpée. Rangez-les sur un plat.

4 Réservez au réfrigérateur jusqu'au service. Dégustez dans les 2 à 3 heures.

variante

Pour les enfants, remplacez le rhum par quelques gouttes de vanille liquide.

truc de cuisinier

Avant de garnir les bouchées, réfrigérez la crème préparée pendant 1/2 heure.

Religieuses au chocolat

bon marché • facile à réaliser • préparation : 35 min • cuisson : 30 min • pour 4 personnes

1 plaque de cuisson
1 grille - 1 casserole
1 fouet - 1 saladier
1 pinceau
1 poche à douille
1 douille ronde d'1/2 cm de diamètre
1 douille cannelée

pâte à choux (voir p. 6)
1 jaune d'œuf
1 c. à c. de sucre en poudre

Garniture :
40 cl de lait
150 g de chocolat noir de dessert
30 g de farine
3 jaunes d'œufs
50 g de sucre en poudre
40 g de beurre ramolli

Décor :
40 g de fondant (épicerie fine) - 1/2 c. à c. de chocolat pur cacao
40 g de beurre ramolli

1 Allumez le four à 180 °C (th. 6). Recouvrez la plaque de papier de cuisson. Préparez la pâte à choux (voir p. 6), en ajoutant 1 cuillerée à café de sucre en poudre. Faites 8 ronds aplatis de 5 cm de diamètre et 8 ronds d'1 cm de diamètre. Dorez-les avec le jaune d'œuf. Enfournez. Après 15 minutes de cuisson, retirez les petits choux. Poursuivez la cuisson des galettes 10 minutes. Faites refroidir les choux sur la grille.

2 Portez le lait à ébullition. Cassez le chocolat en morceaux. Versez le lait et remuez. Mélangez le sucre et les jaunes d'œufs. Ajoutez la farine. Mélangez. Ajoutez le lait chocolaté. Versez la préparation dans la casserole, faites épaissir 2 minutes, sans cesser de remuer. Versez cette crème dans un saladier et ajoutez le beurre par petits morceaux. Remuez régulièrement pour refroidir la préparation. Réservez 1 belle cuillerée à soupe de crème.

3 Mettez la crème restante dans la poche équipée de la douille ronde. Garnissez les choux de crème en enfonçant la douille ronde au centre des galettes et à la base des petits choux. Dans la crème réservée, ajoutez 40 g de beurre. Fouettez-la pour la lisser. Mettez cette crème au beurre dans la poche équipée de la douille cannelée.

4 Faites chauffer le fondant 1 minute au four à micro-ondes. Ajoutez le chocolat et nappez le haut des choux. Posez les petits choux au centre des galettes. Appuyez pour les faire tenir. Dessinez des petites pointes de crème au beurre autour des petits choux. Conservez au frais. Dégustez dans les 2 à 3 heures.

variante

Plus simplement, faites un petit rond de perles alimentaires chocolatées autour des petits choux.

truc de cuisinier

Laissez la crème au beurre se raffermir au réfrigérateur avant d'entourer les petits choux.

Bouchées Paris-Brest

coût moyen • facile à réaliser • préparation : 30 min • cuisson : 30 min • réfrigération : 1 h • pour 4 personnes

1 plaque de cuisson
1 grille - 1 casserole
1 batteur - 1 saladier
1 spatule - 1 poche munie d'1 douille cannelée
1 pinceau

pâte à choux (voir p. 6)
1 jaune d'œuf
1 c. à c. de sucre en poudre
25 g d'amandes effilées

Garniture :
20 cl de lait
100 g de chocolat praliné
25 g de farine
2 jaunes d'œufs
50 g de sucre roux
100 g de beurre ramolli
50 g de pralin

Décor :
sucre glace

1 Allumez le four à 180 °C (th. 6). Recouvrez la plaque de papier de cuisson. Préparez la pâte à choux (voir p. 6), en ajoutant 1 cuillerée à café de sucre en poudre. Dressez 20 petits tas. Dorez-les avec le jaune d'œuf et parsemez-les d'amandes effilées. Enfournez pour 25 minutes. Contrôlez la cuisson : les amandes doivent rester dorées. Recouvrez de papier de cuisson, si besoin. Faites refroidir les choux sur la grille.

2 Cassez le chocolat en morceaux, faites bouillir le lait, versez-le sur le chocolat et remuez. Mélangez le sucre et les jaunes d'œufs. Ajoutez la farine et remuez. Ajoutez le lait chocolaté et mélangez. Versez la préparation dans la casserole. Faites épaissir 2 minutes, sans cesser de remuer. Versez la crème dans un saladier.

3 Remuez pour faire tiédir la crème. Ajoutez le beurre. Battez pour obtenir une préparation lisse. Déposez au réfrigérateur. Dès que la crème est ferme, ajoutez le pralin et mélangez. Mettez la crème dans la poche à douille.

4 Coupez les bouchées aux 2/3 supérieurs. Garnissez le fond de crème en réalisant de jolies volutes. Posez le couvercle garni d'amandes. Réservez au réfrigérateur. Dégustez dans les 2 à 3 heures. Saupoudrez de sucre glace au moment de servir.

variante

Comme les chefs, dressez la pâte à choux en couronne.
Plus simplement, ajoutez les amandes dorées en fin de cuisson.

truc de cuisinier

Aplatissez légèrement le dessus des choux avant de les parsemer d'amandes.

Choux Saint-Honoré

bon marché • délicat à réaliser • préparation : 30 min • cuisson : 40 min • réfrigération : 20 min • pour 4 personnes

1 plaque de cuisson
1 casserole - 1 grille
1 saladier - 1 batteur
1 spatule - 1 poche équipée d'une grosse douille cannelée
1 pinceau

pâte à choux (voir p. 6)
1 jaune d'œuf
1 c. à c. de sucre en poudre

Garniture :
20 cl de lait
3 jaunes d'œufs + 2 blancs
60 g de sucre en poudre
20 g de farine
1 gousse de vanille
40 g de beurre ramolli
2 feuilles de gélatine

Décor :
sucre glace

1 Allumez le four à 180 °C (th. 6). Recouvrez la plaque de papier de cuisson. Préparez la pâte à choux (voir p. 6), en ajoutant 1 cuillerée à café de sucre en poudre. Dressez 8 choux. Dorez-les avec le jaune d'œuf. Enfournez pour 35 minutes. Faites refroidir les choux sur la grille.

2 Mettez le lait à bouillir avec la gousse de vanille fendue. Dans le saladier, mélangez les jaunes d'œufs avec le sucre. Ajoutez la farine, remuez. Ajoutez le lait bouillant, mélangez et versez la préparation dans la casserole. Faites chauffer à petits bouillons 2 minutes, sans cesser de remuer. Faites ramollir la gélatine dans l'eau froide et pressez-la. Hors du feu, ajoutez-la à la crème chaude. Remuez jusqu'à sa dissolution complète.

3 Versez la préparation dans le saladier. Ajoutez le beurre et battez. Dès que la crème est froide, battez les blancs en neige ferme et incorporez-les. Réservez au réfrigérateur 20 minutes environ. Dès que la préparation commence à figer, versez-la dans la poche à douille.

4 Fendez les choux à 1/2 cm du sommet et coupez les couvercles. Remplissez les choux de crème, en réalisant de jolies volutes. Posez les couvercles. Conservez les choux au réfrigérateur. Dégustez-les dans les 2 heures. Au moment de servir, saupoudrez-les de sucre glace.

variante

Pour un dessert plus gourmand, au moment de servir, préparez un caramel avec 5 morceaux de sucre, 1 filet de jus de citron et 1 cuillerée à soupe d'eau. Mettez à chauffer en tournant la queue de la casserole pour remuer la préparation. Retirez du feu dès que le caramel est doré. Faites-le couler en filet sur les choux en formant un grillage.

truc de cuisinier

Comme les professionnels, fendez la gousse de vanille en 2, raclez les graines et ajoutez-les dans le lait.

Bouchées chocolat blanc, menthe et verveine cristallisée

coût moyen • facile à réaliser • préparation : 30 min • cuisson : 25 min • réfrigération : 1 h 20 • pour 4 personnes

1 plaque de cuisson
1 grille - 1 casserole
1 batteur - 1 saladier
1 spatule - 1 poche munie d'1 douille cannelée

pâte à choux (voir p. 6)

1 c. à c. de sucre en poudre

Garniture :

200 g de chocolat blanc de dessert - 5 cl de sirop de menthe

30 g de beurre - 15 cl de crème fraîche - 1 sachet de fixateur pour chantilly type Chantifix®

1 c. à s. de sucre en poudre - 3 gouttes de colorant alimentaire vert

Décor :

20 feuilles de verveine cristallisées (épicerie fine)

1 Allumez le four à 180 °C (th. 6). Recouvrez la plaque de papier de cuisson. Préparez la pâte à choux (voir p. 6), en ajoutant 1 cuillerée à café de sucre en poudre. Dressez 20 petits tas. Enfournez-les pour 25 minutes. Faites refroidir les choux sur la grille.

2 Cassez le chocolat blanc en petits morceaux. Faites chauffer le sirop de menthe et versez-le sur le chocolat blanc. Remuez pour faire fondre le chocolat. Ajoutez le beurre ramolli. Mettez 20 minutes environ au réfrigérateur pour faire refroidir la préparation.

3 Commencez à battre la crème, dès qu'elle augmente de volume. Ajoutez le sucre, le fixateur et le colorant. Battez pour obtenir une chantilly ferme. Incorporez-la au chocolat fondu en l'enrobant délicatement avec la spatule. Déposez cette préparation au réfrigérateur 1 heure environ. Dès que la mousse est figée, remplissez la poche à douille.

4 Coupez le sommet des choux, répartissez la mousse et terminez en pointe. Posez au sommet 1 feuille de verveine cristallisée. Conservez au réfrigérateur. Dégustez les bouchées dans les 2 à 3 heures.

variante

Remplacez la verveine cristallisée par du vermicelle en chocolat et des mini-bouquets de menthe fraîche.

truc de cuisinier

Utilisez des pépites de chocolat blanc (épicerie fine), très rapides à faire fondre.

Bouchées chocolat au lait, miel et cognac

coût moyen • facile à réaliser • préparation : 30 min • cuisson : 25 min • pour 4 personnes

1 plaque de cuisson
1 grille - 1 casserole
2 saladiers - 1 spatule
1 poche munie d'1 douille ronde d'1/2 cm de diamètre

pâte à choux (voir p. 6)

1 c. à c. de sucre en poudre

Garniture :

120 g de chocolat au lait de dessert - 20 cl de lait - 2 jaunes d'œufs - 40 g de sucre en poudre - 2 c. à c. de miel - 15 g de farine - 40 g de beurre ramolli - 1 c. à c. de cognac

Décor :

40 g de fondant - des petites boules dorées (épicerie fine) (facultatif)

1 Allumez le four à 180 °C (th. 6). Recouvrez la plaque de papier de cuisson. Préparez la pâte à choux (voir p. 6), en ajoutant 1 cuillerée à café de sucre en poudre. Dressez 20 petits tas, arrondissez les sommets. Enfournez-les pour 25 minutes. Faites refroidir les choux sur la grille.

2 Dans un saladier, cassez le chocolat en petits morceaux. Mettez le lait à bouillir, versez-le sur le chocolat. Dans un autre saladier, mélangez les jaunes d'œufs, le sucre et la farine. Ajoutez le lait chocolaté, versez la préparation dans la casserole. Faites chauffer à petits bouillons 2 minutes, sans cesser de remuer.

3 Remettez la préparation dans le saladier, ajoutez le miel. Parfumez au cognac. Ajoutez le beurre par petits morceaux. Remuez régulièrement pour refroidir la crème et obtenir une préparation lisse. Mettez la crème dans la poche à douille.

4 Faites une fente à 2 mm du sommet des choux. Garnissez les bouchées par cette ouverture. Faites chauffer le fondant 1 minute au four à micro-ondes. Nappez le haut des choux avec un couteau. Posez 1 ou plusieurs boules dorées, si vous le souhaitez. Conservez au réfrigérateur. Dégustez dans les 2 à 3 heures.

variante

Pour un dessert plus raffiné, ajoutez 1 goutte de café liquide dans le fondant et posez quelques brins d'or alimentaire (en vente chez certains pâtissiers ou sur Internet).

truc de cuisinier

Garnissez les choux sans les fendre : faites juste un petit trou pour introduire la douille. La crème ne risquera pas de couler, si les choux sont destinés à un buffet.

Bouchées ananas et gingembre confit

coût moyen • facile à réaliser • préparation : 20 min • cuisson : 25 min • pour 4 personnes

1 plaque de cuisson - 1 grille - 1 saladier - 1 mixeur - 1 poche munie d'1 douille cannelée - 1 pinceau

pâte à choux **(voir p. 6)**

1 jaune d'œuf - 1 c. à c. de sucre en poudre

Garniture :

100 g de pulpe d'ananas frais - 100 g de mascarpone - 30 g de confiture de lait - 30 g de sucre en poudre - 20 cl de crème fraîche liquide - 1 sachet de fixateur pour chantilly type Chantifix® - 20 g de gingembre confit haché

Allumez le four à 180 °C (th. 6). Recouvrez la plaque de papier de cuisson. Préparez la pâte à choux (voir p. 6), en ajoutant 1 cuillerée à café de sucre en poudre. Dressez 20 petits tas. Dorez-les avec du jaune d'œuf. Enfournez pour 25 minutes. Faites refroidir les choux sur la grille.

Mixez la pulpe d'ananas. Ajoutez le mascarpone, le sucre et la confiture de lait. Mixez à nouveau. Ajoutez la crème en filet et le fixateur, sans cesser de mixer pour obtenir une chantilly ferme.

Coupez le sommet des choux, garnissez-les de crème avec la poche à douille. Répartissez le gingembre. Réservez au réfrigérateur. Dégustez dans les 2 à 3 heures.

Bouchées cassis et violette

bon marché • facile à réaliser • préparation : 20 min • cuisson : 25 min • pour 4 personnes

1 plaque de cuisson - 1 casserole - 1 grille - 1 saladier - 1 poche munie d'1 douille d'1/2 cm de diamètre

pâte à choux **(voir p. 6)**

1 c. à c. de sucre en poudre

Garniture :

20 cl de lait - 3 jaunes d'œufs - 50 g de sucre en poudre - 25 g de farine - 2 c. à c. de liqueur de cassis - 50 g de beurre ramolli - 50 g de violettes écrasées - 40 g de fondant (épicerie fine)

Allumez le four à 180 °C (th. 6). Recouvrez la plaque de papier de cuisson. Préparez la pâte à choux (voir p. 6), en ajoutant 1 cuillerée à café de sucre en poudre. Dressez 20 petits tas et aplatissez légèrement les sommets. Enfournez-les pour 25 minutes. Faites refroidir les choux sur la grille.

Faites bouillir le lait. Mélangez les jaunes d'œufs, le sucre et la farine. Ajoutez le lait. Faites cuire 2 minutes, à petits bouillons, sans cesser de remuer. Versez cette crème dans le saladier. Ajoutez le beurre, la liqueur et les violettes. Réservez 1 violette. Remuez régulièrement pendant le refroidissement de la garniture.

Remplissez les choux de crème avec la poche à douille. Réchauffez le fondant 1 minute au four à micro-ondes en ajoutant 1 violette écrasée et nappez les choux. Réservez au réfrigérateur. Dégustez dans les 2 à 3 heures.

Choux fruits rouges, menthe et baies de Sichuan

coût moyen • très facile à réaliser • préparation : 20 min • cuisson : 35 min • pour 4 personnes

1 plaque de cuisson
1 grille - 1 saladier
1 batteur - des ciseaux
1 poche équipée d'1 douille cannelée

pâte à choux (voir p. 6) - 1 jaune d'œuf - 1 c. à c. de sucre en poudre

Garniture :

15 cl de crème épaisse très fraîche

1 sachet de fixateur pour chantilly type Chantifix®

60 g de sucre glace

200 g de fraises mara des bois - 75 g de framboises fraîches

30 g de sucre en poudre

1 c. à c. de liqueur de fruits rouges - 1/2 c. à c. de baies de Sichuan en grains

2 brins de menthe fraîche

1. Allumez le four à 180 °C (th. 6). Recouvrez la plaque de papier de cuisson. Préparez la pâte à choux (voir p. 6), en ajoutant 1 cuillerée à café de sucre en poudre. Dressez 8 choux. Dorez-les avec le jaune d'œuf. Enfournez-les pour 35 minutes. Faites refroidir les choux sur la grille.

2. Versez la crème dans le saladier, commencez à la battre. Dès qu'elle augmente de volume, ajoutez 1 cuillerée à soupe de sucre en poudre et le fixateur. Battez jusqu'à l'obtention d'une crème ferme. Mettez la chantilly dans la poche à douille. Réservez au réfrigérateur.

3. Lavez la menthe et réservez 8 mini-bouquets au réfrigérateur. Ciselez le reste. Rincez les fraises, coupez-les en petites lamelles. Ajoutez les framboises, saupoudrez de sucre glace, parsemez de menthe ciselée, arrosez de liqueur et poivrez au moulin de baies de Sichuan. Coupez le sommet des choux, placez 2 choux par assiette.

4. Au moment de servir, mettez dans les choux la moitié des fruits, arrosez-les de jus, nappez-les de chantilly. Ajoutez les fruits restants et de la chantilly. Ornez de menthe fraîche réservée. Servez immédiatement.

variante

En saison, remplacez les fraises mara des bois et les framboises par des fraises des bois.

truc de cuisinier

Posez les fraises lavées sur du papier absorbant pour éliminer l'eau.

Religieuses marron, chocolat et chantilly

bon marché • facile à réaliser • préparation : 35 min • cuisson : 30 min • pour 4 personnes

1 plaque de cuisson
1 grille - 1 casserole
1 batteur - 2 saladiers
1 spatule - 1 poche à douille

pâte à choux (voir p. 6)

1 jaune d'œuf - 1 c. à c. de sucre en poudre

Garniture :

35 cl de lait - 140 g de chocolat noir de dessert - 25 g de farine - 3 jaunes d'œufs - 50 g de sucre en poudre - 40 g de beurre ramolli - 4 c. à c. de crème de marrons

Décor :

40 g de fondant (épicerie fine) - 1/2 c. à c. de chocolat en poudre - crème Chantilly prête à l'emploi

1 Allumez le four à 180 °C (th. 6). Recouvrez la plaque de papier de cuisson. Préparez la pâte à choux (voir p. 6), en ajoutant 1 cuillerée à café de sucre en poudre. Dressez 8 galettes de 5 cm de diamètre et 8 ronds d'1 cm de diamètre. Dorez-les avec le jaune d'œuf. Enfournez. Après 15 minutes de cuisson, retirez les petits choux. Poursuivez la cuisson des galettes 10 minutes. Faites refroidir les choux sur la grille.

2 Portez le lait à ébullition. Dans un saladier, cassez le chocolat en morceaux, versez le lait et remuez. Mélangez le sucre et les jaunes d'œufs. Ajoutez la farine, mélangez à nouveau. Ajoutez le lait chocolaté, versez le mélange dans la casserole. Faites-le épaissir 2 minutes, sans cesser de remuer.

3 Versez cette crème dans un saladier, ajoutez le beurre par petits morceaux. Remuez régulièrement jusqu'au refroidissement. Fendez le sommet des choux. Remplissez les galettes de crème au chocolat et les petits choux de crème de marrons. Réservez-les.

4 Faites chauffer le fondant 1 minute au four à micro-ondes. Ajoutez le chocolat et remuez. Nappez les galettes et les choux de glaçage. Posez les petits choux au centre des galettes et appuyez pour les faire tenir. Conservez au frais 2 à 3 heures. Au moment de servir, ajoutez des petites pointes de crème Chantilly. Dégustez immédiatement.

variante

Préparez vous-même la crème Chantilly : battez 15 cl de crème fraîche liquide, 15 g de sucre et 1 sachet de fixateur pour chantilly type Chantifix®.

truc de cuisinier

Remplissez les galettes de crème avec une poche munie d'une petite douille ronde.

Choux pralinés, Nutella® et noisettes

coût moyen • facile à réaliser • préparation : 30 min • cuisson : 40 min • pour 4 personnes

1 plaque de cuisson
1 grille - 1 casserole
1 batteur - 2 saladiers
1 spatule - 1 poche à douille

pâte à choux (voir p. 6)
1 jaune d'œuf
1 c. à c. de sucre en poudre

Garniture :
20 cl de lait
100 g de chocolat praliné
20 g de farine
2 jaunes d'œufs
40 g de sucre roux
40 g de beurre
4 c. à c. de Nutella®

Décor :
8 noisettes entières

1 Allumez le four à 180 °C (th. 6). Recouvrez la plaque de papier de cuisson. Préparez la pâte à choux (voir p. 6), en ajoutant 1 cuillerée à café de sucre en poudre. Dressez 8 petits tas. Dorez-les avec le jaune d'œuf. Enfournez pour 35 minutes. Faites refroidir les choux sur la grille.

2 Portez le lait à ébullition. Dans un saladier, cassez le chocolat en morceaux. Versez le lait et remuez. Mélangez le sucre et les jaunes d'œufs. Ajoutez la farine et mélangez. Ajoutez le lait chocolaté, remuez. Versez le mélange dans la casserole et faites épaissir 2 minutes, sans cesser de remuer.

3 Versez la crème dans un saladier, ajoutez le beurre par petits morceaux. Pendant le refroidissement, remuez régulièrement. Faites griller légèrement les noisettes.

4 Coupez le sommet des choux, remplissez-les à moitié de crème. Ajoutez 1/2 cuillerée à café de Nutella® dans tous les choux. Répartissez la crème restante. Ornez d'1 noisette grillée. Conservez au frais. Dégustez dans les 2 heures.

variante

Remplacez le sucre roux par du sucre de canne complet appelé « muscovado », en vente dans les épiceries fines.

truc de cuisinier

Faites déborder la crème à l'aide d'une douille cannelée et posez dessus une noisette grillée.

Bouchées thé vert, chocolat blanc et framboises

coût moyen • facile à réaliser • préparation : 30 min • cuisson : 25 min • réfrigération : 1 h 20 • pour 4 personnes

1 plaque de cuisson
1 grille - 1 casserole
1 bol - 1 batteur
1 saladier - 1 spatule
1 poche à douille

pâte à choux (voir p. 6)

1 c. à c. de sucre en poudre

Garniture :

200 g de chocolat blanc de dessert - 1 c. à c. de thé vert en poudre (Matcha) - 15 cl de crème fraîche - 1 sachet de fixateur pour chantilly type Chantifix® - 1 c. à c. de sucre en poudre - 3 gouttes de colorant alimentaire vert - 30 g de beurre ramolli - 40 g de fondant (épicerie fine) - 20 framboises fraîches en saison

1 Allumez le four à 180 °C (th. 6). Recouvrez la plaque de papier de cuisson. Préparez la pâte à choux (voir p. 6), en ajoutant 1 cuillerée à café de sucre en poudre. Dressez 20 petits tas et arrondissez les sommets. Enfournez-les pour 25 minutes. Faites refroidir les choux sur la grille.

2 Cassez le chocolat en petits morceaux. Faites chauffer 2 cuillerées à soupe de crème. Versez-la sur le chocolat. Remuez pour faire fondre le chocolat. Ajoutez le thé vert en poudre, 2 gouttes de colorant et mélangez. Insérez le beurre par petits morceaux, battez pour obtenir une crème lisse. Déposez cette préparation au réfrigérateur, 20 minutes environ.

3 Battez la crème en chantilly. Dès qu'elle commence à monter, ajoutez le sucre et le fixateur. Poursuivez pour obtenir une crème ferme. Ajoutez-la à la préparation en l'enrobant. Mettez la garniture 1 heure environ au réfrigérateur.

4 Dès que la crème est figée, fendez les choux à 3 mm du sommet. Remplissez les bouchées de crème. Faites chauffer le fondant 1 minute au four à micro-ondes. Ajoutez 1 goutte de colorant, mélangez et nappez le haut des choux. En saison, posez 1 framboise au centre du glaçage. Conservez au réfrigérateur. Dégustez les bouchées dans les 2 à 3 heures.

variante

Coupez le sommet des choux. Mettez 1 framboise écrasée dans chaque bouchée, remplissez-les de crème. Posez 1 framboise au sommet de la garniture.

truc de cuisinier

Pour faciliter le nappage, faites une fente d'1/2 mm au sommet des choux. Remplissez les bouchées par cette ouverture avec une poche équipée d'une petite douille ronde.

Bouchées cerises et amaretto

coût moyen • facile à réaliser • préparation : 20 min • cuisson : 25 min • pour 4 personnes

1 plaque de cuisson
1 saladier - 1 grille - 1 batteur
1 bol - 1 spatule - 1 poche munie d'1 douille cannelée

pâte à choux (voir p. 6)
1 c. à c. de sucre en poudre

Garniture :

20 cl de crème fraîche très froide - 1 sachet de fixateur pour chantilly type Chantifix® - 100 g de mascarpone - 20 g de sucre en poudre - 2 c. à c. d'amaretto - 40 petites cerises dénoyautées (100 g environ)

Faites macérer les cerises dans l'amaretto. Allumez le four à 180 °C (th. 6). Recouvrez la plaque de papier de cuisson. Préparez la pâte à choux (voir p. 6), en ajoutant 1 cuillerée à café de sucre en poudre. Dressez 20 petits tas. Enfournez pour 25 minutes. Faites refroidir sur la grille. Coupez les sommets.

Battez en chantilly ferme la crème avec le sucre et le fixateur. Mélangez le mascarpone et l'amaretto. Ajoutez la crème Chantilly en l'enrobant. Versez la préparation dans la poche à douille. Répartissez les cerises dans les bouchées, puis la crème à l'amaretto. Ornez d'1 cerise chaque bouchée. Conservez au réfrigérateur. Dégustez dans les 2 heures.

Bouchées chocolat noir et orange

bon marché • facile à réaliser • préparation : 20 min • cuisson : 25 min • pour 4 personnes

1 plaque de cuisson
1 casserole - 1 grille
1 saladier - 1 poche à douille

pâte à choux (voir p. 6)
1 c. à c. de sucre en poudre

Garniture :

20 cl de lait - 2 jaunes d'œufs - 80 g de pépites de chocolat noir - 60 g de sucre en poudre - 15 g de farine - 2 c. à c. de liqueur d'orange - 50 g de beurre ramolli + 1 noix - 50 g de chocolat noir

Allumez le four à 180 °C (th. 6). Recouvrez la plaque de papier de cuisson. Préparez la pâte à choux (voir p. 6), en ajoutant 1 cuillerée à café de sucre en poudre. Dressez 20 petits tas. Enfournez-les pour 25 minutes. Posez-les sur la grille.

Faites bouillir le lait. Mélangez les jaunes d'œufs, le sucre et la farine. Ajoutez le lait. Faites cuire 2 minutes, à petits bouillons, sans cesser de remuer. Versez la crème dans le saladier. Ajoutez le beurre, la liqueur et les pépites de chocolat. Mélangez soigneusement et laissez refroidir. Remplissez les choux de crème.

Ramollissez le chocolat noir 1 minute au four à micro-ondes. Ajoutez la noix de beurre et nappez les choux de cette sauce au chocolat noir. Conservez les bouchées au réfrigérateur. Dégustez dans les 3 heures.

Religieuses Baileys® et café

coût moyen • facile à réaliser • préparation : 35 min • cuisson : 30 min • pour 4 personnes

1 plaque de cuisson
1 grille - 1 casserole
1 fouet - 1 saladier
1 poche à douille
1 douille ronde d'1/2 cm de diamètre - 1 pinceau
1 douille cannelée

pâte à choux (voir p. 6)
1 jaune d'œuf
1 c. à c. de sucre en poudre

Garniture :
40 cl de lait
3 c. à c. de Baileys®
30 g de farine
3 jaunes d'œufs
60 g de sucre en poudre
40 g de beurre ramolli

Décor :
40 g de fondant (épicerie fine)
3 gouttes d'extrait de café liquide
40 g de beurre ramolli

1 Allumez le four à 180 °C (th. 6). Recouvrez la plaque de papier de cuisson. Préparez la pâte à choux (voir p. 6), en ajoutant 1 cuillerée à café de sucre en poudre. Dressez 8 ronds aplatis de 5 cm de diamètre et 8 ronds d'1 cm de diamètre. Dorez-les avec le jaune d'œuf. Enfournez. Après 15 minutes de cuisson, retirez les petits choux. Poursuivez la cuisson des galettes 10 minutes. Faites refroidir les choux sur la grille.

2 Portez le lait à ébullition. Mélangez le sucre et les jaunes d'œufs. Insérez la farine et remuez. Ajoutez le lait bouillant et mélangez. Versez cette préparation dans la casserole. Faites-la épaissir 2 minutes, sans cesser de remuer. Versez la crème dans un saladier. Ajoutez le Baileys® et le beurre coupé en petits morceaux. Remuez régulièrement pour refroidir la crème. Réservez 1 belle cuillerée à soupe de cette préparation.

3 Mettez la crème dans la poche équipée de la douille ronde. Garnissez de crème en enfonçant la douille au centre des galettes de choux et à la base des petits choux. Dans la crème réservée, ajoutez le beurre et 2 gouttes d'extrait de café, fouettez le mélange pour le lisser. Mettez cette crème au beurre dans la poche équipée de la douille cannelée.

4 Faites chauffer le fondant 1 minute au four à micro-ondes. Ajoutez l'extrait de café restant et remuez. Nappez le haut des galettes et des choux. Posez les petits choux au centre des galettes. Appuyez pour les faire tenir. Faites des petites pointes de crème au beurre autour des petits choux. Conservez au frais. Dégustez dans les 2 à 3 heures.

variante

Selon votre choix, aromatisez la crème avec les 2 parfums (Baileys® et café) ou inversez-les.

truc de cuisinier

Garnissez et montez les choux peu de temps avant de servir pour éviter qu'ils ramollissent.

Bouchées figues et cannelle

bon marché • facile à réaliser • préparation : 20 min • cuisson : 25 min • pour 4 personnes

1 plaque de cuisson
1 casserole - 1 grille - 1 saladier
1 poche à douille

pâte à choux (voir p. 6)

1 c. à c. de sucre en poudre

Garniture :

20 cl de lait - 3 jaunes d'œufs - 55 g de sucre en poudre - 25 g de farine - 1 c. à c. de cannelle en poudre - 50 g de beurre ramolli - 50 g de confiture de figues avec des morceaux - 40 g de fondant (épicerie fine)

Allumez le four à 180 °C (th. 6). Recouvrez la plaque de papier de cuisson. Préparez la pâte à choux (voir p. 6), en ajoutant 1 cuillerée à café de sucre en poudre. Dressez 20 petits tas et aplatissez légèrement les sommets. Enfournez-les pour 25 minutes. Faites refroidir les choux sur la grille.

Faites bouillir le lait. Mélangez les jaunes d'œufs, le sucre et la farine. Ajoutez le lait et remuez. Dans une casserole, faites cuire 2 minutes, à petits bouillons, sans cesser de remuer. Versez la crème dans le saladier. Ajoutez le beurre et de la cannelle à votre convenance. Laissez refroidir. Mettez un morceau de figue dans chaque chou, puis remplissez de crème.

Réchauffez le fondant 1 minute au four à micro-ondes. Nappez les choux, saupoudrez de cannelle. Conservez au réfrigérateur. Dégustez les bouchées dans les 2 à 3 heures.

Bouchées litchis, framboises et rose

coût moyen • facile à réaliser • préparation : 25 min • cuisson : 25 min • pour 4 personnes

1 plaque de cuisson - 1 grille - 1 casserole - 1 mixeur - 1 batteur - 1 bol - 1 spatule - 1 poche munie d'1 douille cannelée

pâte à choux (voir p. 6)

1 c. à c. de sucre en poudre

Garniture :

50 g de litchis dénoyautés - 100 g de mascarpone - 20 cl de crème fraîche liquide très froide - 30 g de sucre en poudre - 1 sachet de fixateur pour chantilly type Chantifix® - 3 c. à c. de liqueur de rose - 40 framboises fraîches (100 g environ)

Allumez le four à 180°C (th. 6). Recouvrez la plaque de papier de cuisson. Préparez la pâte à choux (voir p. 6), en ajoutant 1 cuillerée à café de sucre en poudre. Dressez 20 petits tas. Enfournez-les pour 25 minutes. Laissez refroidir les choux sur la grille.

Mettez le sucre et le fixateur dans la crème. Battez-la en chantilly ferme. Essuyez les litchis avec du papier absorbant et mixez-les. Ajoutez le mascarpone, la liqueur et mixez à nouveau. Incorporez la chantilly avec la spatule.

Mettez 1 framboise à l'intérieur des choux, remplissez-les de crème avec la poche à douille. Posez 1 framboise au sommet des choux. Conservez au réfrigérateur. Dégustez dans les 3 heures.

Choux glace aux fruits rouges, fraises et menthe

coût moyen • très facile à réaliser • préparation : 20 min • cuisson : 35 min • pour 4 personnes

1 plaque de cuisson
1 grille - 1 passoire
1 saladier - 1 pinceau
1 poche à douille

pâte à choux (voir p. 6)
1 jaune d'œuf
1 c. à c. de sucre en poudre

Garniture :
8 petites boules de glace aux fruits rouges
200 g de fraises mara des bois
40 g de sucre glace
1 petit bouquet de menthe fraîche
1 c. à s. de liqueur de fraises
poivre rose en grains

1 Allumez le four à 180 °C (th. 6). Recouvrez la plaque de papier de cuisson. Préparez la pâte à choux (voir p. 6), en ajoutant 1 cuillerée à café de sucre en poudre. Dressez 8 petits tas. Dorez-les avec le jaune d'œuf. Enfournez-les pour 35 minutes environ. Vérifiez la cuisson : les choux doivent être fermes. Faites-les refroidir sur la grille.

2 Mettez les fraises dans la passoire, faites couler dessus un filet d'eau froide. Essuyez-les délicatement avec du papier absorbant. Coupez-les en 2 ou en 4 selon leur taille, mettez-les dans le saladier. Sucrez-les généreusement.

3 Lavez la menthe et réservez quelques bouquets pour le décor. Ciselez les feuilles restantes. Ajoutez sur les fraises la menthe ciselée et la liqueur de fraises. Poivrez au moulin. Réservez au frais. Coupez le sommet des choux.

4 Au moment de servir, répartissez les fruits et le jus sur les assiettes. Mettez 1 boule de glace par chou. Dressez 2 choux par assiette. Ajoutez la menthe réservée. Servez immédiatement.

variante

Pour les gourmands, ajoutez quelques fleurs de crème Chantilly prête à l'emploi, au moment de servir. Si ce dessert est destiné à des enfants, remplacez la glace aux fruits rouges par de la glace à la vanille et supprimez la liqueur.

truc de cuisinier

Si les fruits sont gros, coupez-les en lamelles.

Bouchées glace à la crème brûlée, sauce au chocolat

bon marché • très facile à réaliser • préparation : 20 min • cuisson : 30 min • pour 4 personnes

1 plaque de cuisson
1 casserole - 1 grille
1 cuillère à pommes parisienne
1 saladier - 1 pinceau
1 poche à douille
1 saucière

pâte à choux (voir p. 6)

1 jaune d'œuf

1 c. à c. de sucre en poudre

Garniture :

25 cl de glace à la crème brûlée

Sauce au chocolat :

150 g de chocolat de dessert

15 cl de crème fraîche

1/2 c. à c. de vanille liquide

30 g de beurre ramolli

1 Allumez le four à 180 °C (th. 6). Recouvrez la plaque de papier de cuisson. Préparez la pâte à choux (voir p. 6), en ajoutant 1 cuillerée à café de sucre en poudre. Dressez 20 petits tas. Dorez-les avec le jaune d'œuf. Enfournez-les pour 25 minutes. Faites refroidir les choux sur la grille.

2 Dans le saladier, cassez le chocolat en morceaux. Faites chauffer la crème et versez-la sur le chocolat. Ajoutez la vanille et remuez jusqu'à dissolution complète. Réservez.

3 Coupez le sommet des bouchées. Répartissez-les sur les assiettes. Avec la cuillère à pommes parisienne, préparez 20 petites boules de glace. Réservez-les au congélateur.

4 Au moment de servir, mettez 1 boule de glace dans chaque bouchée. Réchauffez la sauce au chocolat 1 minute au four à micro-ondes. Ajoutez le beurre et battez. Nappez les choux de sauce. Versez la sauce restante dans la saucière. Servez immédiatement les assiettes et la sauce au chocolat.

variante

Faites seulement 8 choux. Augmentez de 5 minutes le temps de cuisson. Mettez 1 boule de glace au choix (vanille ou caramel au beurre salé) dans chaque chou. Nappez de sauce au chocolat.

truc de cuisinier

Gagnez du temps au moment du service : conservez la sauce au chocolat chaude au bain-marie.

Bouchées vanille-rhum caramélisées, chantilly

bon marché • délicat à réaliser • préparation : 40 min • cuisson : 30 min • pour 4 personnes

1 plaque de cuisson
1 casserole - 1 grille
1 saladier- 1 pince en bois
1 poche munie d'1 petite douille ronde - 1 pinceau

pâte à choux (voir p. 6)

1 jaune d'œuf - 1 c. à c. de sucre en poudre

Garniture :

20 cl de lait - 3 jaunes d'œufs - 60 g de sucre en poudre - 25 g de farine - 1 bâton de vanille - 1 c. à c. de rhum - 50 g de beurre ramolli

Chantilly :

10 cl de crème fraîche - 1 sachet de fixateur type Chantifix® - 1 sachet de sucre vanillé

Caramel :

12 morceaux de sucre en morceaux - 1 c. à c. de jus de citron - 1 c. à s. d'eau

1 Allumez le four à 180 °C (th. 6). Recouvrez la plaque de papier de cuisson. Préparez la pâte à choux (voir p. 6), en ajoutant 1 cuillerée à café de sucre en poudre. Dressez 24 petits tas. Dorez-les avec le jaune d'œuf. Enfournez-les pour 20 à 25 minutes. Surveillez la cuisson : la pâte doit être croustillante. Faites refroidir les choux sur la grille.

2 Faites bouillir le lait avec le bâton de vanille fendu. Mélangez les jaunes d'œufs, le sucre et la farine. Ajoutez le lait bouillant. Faites cuire 2 minutes, à petits bouillons, sans cesser de remuer. Versez la crème dans le saladier. Ajoutez le rhum et le beurre et remuez régulièrement jusqu'au refroidissement complet. Battez la crème en chantilly avec les ingrédients.

3 Versez la crème dans la poche à douille et remplissez les bouchées de crème par la base des choux. Répartissez les bouchées en 3 tas de 8 pièces. Mettez tous les ingrédients du caramel dans une casserole. Faites chauffer, remuez en tournant le récipient avec la poignée. Arrêtez dès que le caramel est blond.

4 Avec la pince, trempez successivement chaque chou dans le caramel. Faites une couronne de base avec 8 choux accolés. Surmontez successivement de 2 couronnes de 8 choux. Mettez la chantilly au centre. Décorez avec des fleurs en sucre. Réservez au réfrigérateur. Dégustez dans les 3 heures.

variante

Pour une fête, doublez les quantités de bouchées et dressez une pyramide.

truc de cuisinier

Faites le caramel en plusieurs fois.

Index

Recette de base

Les choux salés à l'apéro

Les choux sucrés : les classiques

Les choux sucrés : les inattendus

Infos mesures

	Farine	Sucre	Liqueur	Fécule	Vin/eau
1 cuil. à café rase = 1 teaspoon (tsp)	5 g	6 g	0,5 cl un trait	5 g	0,5 cl
1 cuil. à soupe rase = 1 tablespoon (TBSP) - ½oz	15 g	20 g	1,5 cl	15 g	1,5 cl

Collection Toquades de First

Pour tous les toqués de cuisine !

Histoire d'œufs

Ir-riz-istible !
Riz et risottos

Joyeuses verrines !

La crème des
panna cotta

La cuisine
des p'tits chefs

La magie des tajines

L'apéro
en toute légèreté !

La ronde des macarons

Légumes
anciens & oubliés

Légumes
& tutti frutti

Les bricks, c'est chic !

Les cafés gourmands

Les grands classiques
revisités

Les petits pots de bébé

Madeleine,
ma petite reine

Mange ta soupe !

Mes lasagnes

Mes p'tits biscuits

Mes p'tites confitures

Mes p'tits farcis

Mes p'tits cannelés

Mille et une pâtes

Mini-cocottes & Co

Mini verres, maxi délices !

Mon p'tit bistrot

Oh mon gâteau !

Papillote surprise

Par ici les cocottes !

Pâtes à tartiner
maison

Pâtisseries
orientales

Toquades

Et maintenant disponible sur l'App Store : l'application « Toquades » pour emmener avec vous encore plus de recettes 100 % gourmandise !